PARIS & SYDNEY APARTMENTS

Art director:
Mireia Casanovas Soley

Editorial coordination:
Simone Schleifer

Editor and texts:
Mariana R. Eguaras Etchetto

Layout:
Anabel Naranjo

Translations coordination: Equipo de Edición, Barcelona
Translations: Geoffrey Kealty (English), Katrin Kügler (German), Éditions 360 (French), Persklaar (Dutch)

Editorial project:
2008 © LOFT Publications l Via Laietana, 32, 4.°, Of. 92 l 08003 Barcelona, Spain
Tel.: +34 932 688 088 Fax: +34 932 687 073 l loft@loftpublications.com l www.loftpublications.com

ISBN 978-84-96936-75-1   Printed in China

Cover design:
Ignasi Gracia Blanco

Cover photos: © Mark Seelen
© John Fotiadis

LOFT affirms that it possesses all the necessary rights for the publication of this material and has duly paid all royalties related to the authors' and photographers' rights. LOFT also affirms that it has violated no property rights and has respected common law, all authors' rights and other rights that could be relevant. Finally, LOFT affirms that this book contains no obscene nor slanderous material.

The total or partial reproduction of this book without the authorization of the publishers violates the two rights reserved; any use must be requested in advance.

If you would like to propose works to include in our upcoming books, please email us at loft@loftpublications.com.

In some cases it has been impossible to locate copyright owners of the images published in this book. Please contact the publisher if you are the copyright owner of any of the images published here.

PARIS & SYDNEY APARTMENTS

Edited by Mariana R. Eguaras Etchetto

"An architect's satisfaction comes from seeing his buildings used by people."

Santiago Calatrava

„Ein Architekt weiß, dass er alles richtig gemacht hat, wenn die Menschen seine Bauwerke mit Leib und Seele erobern."

Santiago Calatrava

« La satisfaction pour un architecte consiste à voir ses constructions habitées. »

Santiago Calatrava

"Een architect put er voldoening uit om te zien hoe zijn gebouwen zich eigen worden gemaakt door de bewoners ervan."

Santiago Calatrava

12 PARIS APARTMENTS
   PARIS WOHNUNGEN
   APPARTEMENTS DE PARIS
   PARIJSE APPARTEMENTEN

14 LOFT IN PARIS
   Christian Liaigre

24 LOFT IN RUE PASTEUR
   Damien Brambilla

34 APARTMENT IN RUE ROCHECHOUART
   Peter Tyberghien

42 MODULAR APARTMENT
   Guilhem Roustan

50 APARTMENT IN BELLEVILLE
   Bernard Gory

58   APARTMENT IN MARAIS
        Guita Maleki & Pascal Cheikh Djavadi

68   LOFT IN RUE DES PYRÉNÉES
        Stéphane Zamfirescu

78   LOFT IN RUE DES ENVIERGES
        Damien Brambilla

88   ROMANTIC APARTMENT
        Peter Tyberghien

98   APARTMENT IN RUE DES RÉCOLLETS
        Alain Baudouin & Jacob Celnikier

108   LOFT IN RUE DEPARCIEUX
         Studio Maréchaux Architectes

118 LOFT IN AVENUE PHILIPPE AUGUSTE
Laetitia Viallon & Jean-François Piron

128 LOFT IN RUE HUYGHENS
Studio Maréchaux Architectes

136 SYDNEY APARTMENTS
SYDNEY WOHNUNGEN
APPARTEMENTS DE SYDNEY
APPARTEMENTEN IN SYDNEY

138 RYAN APARTMENT
PTW Interiors

148 APARTMENT IN SYDNEY
William Smart Architects

156 ELEGANT APARTMENT
Smart Design Studio

164 GOLDBERG APARTMENT
     Goran Stojanovic/X. Pace Design Group

172 KLOMPE HOUSE
     Chris Elliott Architects & Sian Jones

182 BALMORAL HOUSE
     Buzacott Associates Architects

194 RESIDENCE IN GREENWICH
     Studiointernationale

206 MARANO RESIDENCE
     Renato D'Ettorre

218 HOUSE IN FRENCHS FOREST
     Su Keong Design

228   TAMARAMA HOUSE
Gary Hennessy Architects

236   ABBOTSFORD TOWNHOUSES
Corinne Girard Young

244   WAVERTON HOUSE
Reg Lark

254   PHOTOGRAPHY DIRECTORY

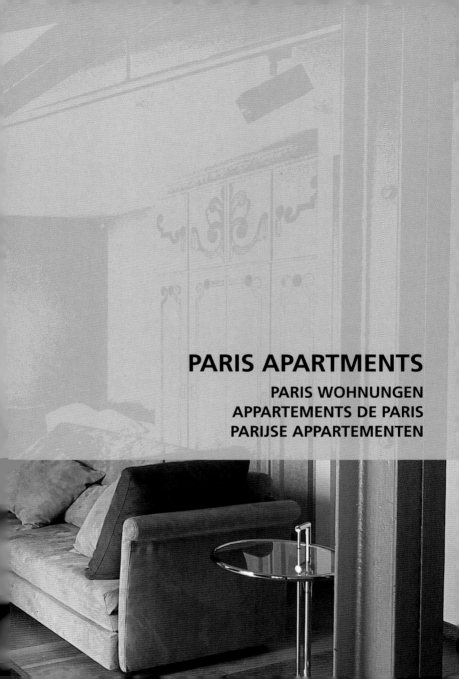

PARIS APARTMENTS

PARIS WOHNUNGEN
APPARTEMENTS DE PARIS
PARIJSE APPARTEMENTEN

In this apartment the emphasis is on the simplicity of the rich, uniform tones, which reflect a blend of classical and modern with touches of the exotic. The importance of light is reflected in the large windows which let in natural light, and the effects created with artificial lighting.

Schlichte, harmonische Farben strahlen eine frische Klarheit aus und schaffen eine klassisch-moderne Atmosphäre mit einem Hauch von Exotik. Die Wichtigkeit des Lichtes spiegelt sich in den riesigen Fenstern und der effektvollen Beleuchtung wider.

LOFT IN PARIS
Christian Liaigre

Paris

Reflétant un mélange de classique et de moderne, ponctué de quelques touches exotiques, les tons chaleureux et unis de cet appartement sont ici particulièrement mis en valeur. À l'abondance de lumière naturelle arrivant des grandes fenêtres répondent les effets créés par le jeu subtil de l'éclairage artificiel.

In dit appartement ligt de nadruk op de eenvoud van de uniforme tinten, die een mix van klassiek en modern met een vleugje exotisch weerspiegelen. Het belang van licht wordt duidelijk gemaakt door de grote ramen waardoor het daglicht naar binnen komt, en door de sfeer die wordt bereikt met kunstlicht.

The furnishings were specially created by the designer for this project, with natural wood in dark tones and leather being the favorite materials.

Die Einrichtung wurde extra für dieses Apartment designt – hauptsächlich verwendete Materialien sind dunkles Holz und Leder.

Le mobilier, qui marie admirablement bois naturel – aux tons sombres – et cuir, a été spécialement conçu par le designer du projet.

De stoffering is speciaal ontworpen door de ontwerper van dit project; hout in donkere tinten en leer waren favoriete materialen.

This loft is the result of joining two small apartments in order to increase floor space and create an extended property. Two elements were used to give the area fluidity and unity: a white ceiling and a grayish-green concrete floor, which are eye-catching as one enters the large central space.

Durch die Verschmelzung zweier kleiner Apartments entstand dieses großzügig geschnittene Loft. Zwei Elemente tragen zu einer harmonisch-einheitlichen Atmosphäre bei: Sowohl die strahlend weiße Decke als auch der grau-grüne Betonboden ziehen beim Betreten des riesigen zentralen Bereichs die Blicke auf sich.

LOFT IN RUE PASTEUR
Damien Brambilla

Paris

Réunissant deux petits appartements, ce loft intègre deux éléments destinés à apporter fluidité et unité : un plafond blanc et un sol en béton gris-vert qui attire l'œil dès que l'on pénètre dans cet endroit.

Voor deze loft zijn twee kleine appartementen samengevoegd om het vloeroppervlak en de ruimte te vergroten. Twee elementen maken van de ruimte een vloeiend geheel: een wit plafond en een grijsachtige betonnen vloer, die direct de aandacht trekken als je de grote centrale ruimte betreedt.

The variety of colors on the walls of the different areas gives the rooms personality.

Die unterschiedliche Farbgebung der verschiedenen Wohnbereiche verleiht der Wohnung eine individuelle Note.

Leurs murs, aux couleurs variées, donne de la personnalité aux pièces.

De verschillende kleuren op de muren geven de kamers een eigen karakter.

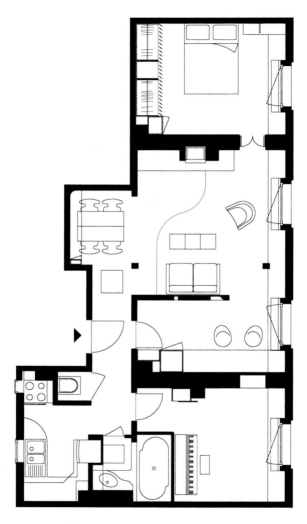

Floor plan

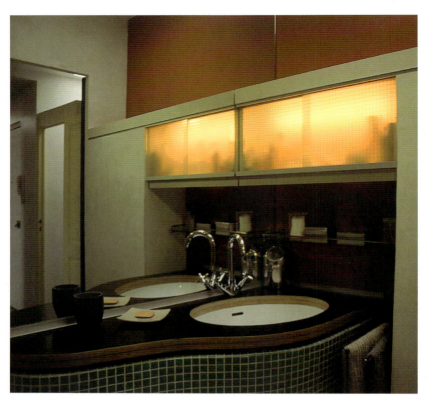

This compact, luxury apartment was designed for guests on short visits to Paris. The unusual layout includes a glass partition that becomes translucent at the push of a button, and serves to separate the bed and the bathtub.

Dieses kompakte und luxuriöse Apartment wurde für Kurzurlauber entworfen. Der ungewöhnliche Grundriss schließt eine Bett und Badewanne trennende Glaswand ein, die auf Knopfdruck lichtdurchlässig wird.

APARTMENT IN RUE ROCHECHOUART

Peter Tyberghien

Paris

Ce luxueux appartement, petit mais fonctionnel, a été conçu pour des hôtes de passage à Paris. L'agencement, peu commun, comprend une paroi de verre opaque qui sépare le lit de la baignoire, et devient translucide grâce à une commande électrique.

Dit compacte, luxueuze appartement is ontworpen voor gasten die korte tijd in Parijs zijn. De ongebruikelijke lay-out komt onder andere tot uiting in een glazen wand die met een druk op een knop doorzichtig wordt; de wand scheidt het bed en het bad.

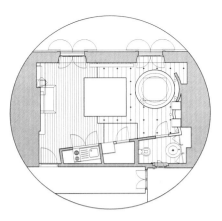

Floor plan

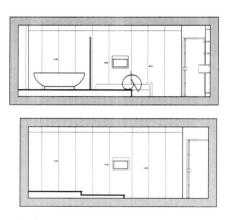

Sections

The details of the furnishings and accessories define the apartment as a comfortable, sophisticated space in which to relax.

Kleine Details in Einrichtung und Accessoires zeichnen das Apartment als komfortablen und eleganten Entspannungsort aus.

Mobilier et accessoires font de cet appartement un endroit confortable et sophistiqué, propice à la détente.

De details van de stoffering en de accessoires maken het appartement tot een comfortabele, chique ruimte waar men kan relaxen.

A very efficient and original design was the starting point for this apartment, where the modern windows have been kept and specific work carried out to balance the light and the space.

Ein praktisches und originelles Design war die Grundidee dieses Apartments, in dem die modernen Fenster erhalten blieben, jedoch zusätzlich für einen gleichmäßigen Lichteinfall und eine ausgewogene Raumeinteilung gesorgt wurde.

MODULAR APARTMENT
Guilhem Roustan

Paris

Bénéficiant initialement d'une conception rationnelle et originale, cet appartement a conservé ses fenêtres modernes et tiré parti de transformations pour créer le parfait équilibre entre la lumière et l'espace, ce grâce à des cloisons amovibles.

Een zeer efficiënt en origineel ontwerp was hier het uitgangspunt, waar de moderne ramen zijn behouden en licht en ruimte goed in evenwicht zijn.

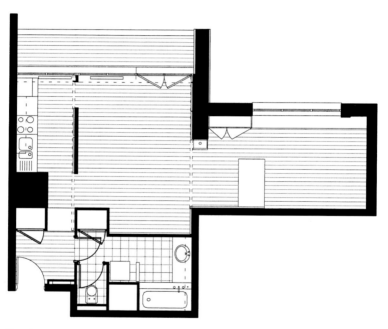

Floor plan

This apartment, measuring 1,830 sq. feet, is located in the lower part of a building which used to house a pillow factory. With a view to creating a multi-functional space which could be adapted to the needs of its inhabitants, it was decided that the layout of the furniture would determine the use of the space, rearranging it to create either a home or an office.

Die untere Etage einer ehemaligen Kissenfabrik beherbergt nun eine 170 m² große Wohnung. Der multifunktionale Ort lässt sich an die aktuellen Bedürfnisse seiner Bewohner anpassen. Daher wurde die Einrichtung so gestaltet, dass sie sich flexibel anordnen lässt, um einen Wohnraum oder ein Büro entstehen zu lassen.

APARTMENT IN BELLEVILLE
Bernard Gory

Paris

Cet appartement de 170 m² se situe dans la partie inférieure d'une ancienne usine d'oreillers, aujourd'hui reconvertie. L'objectif était de créer un endroit multi-fonctionnel adapté aux besoins des habitants. L'agencement du mobilier devait permettre de remodeler l'espace, et d'y intégrer indifféremment un foyer ou un bureau.

Dit appartement van 170 m² bevindt zich in het lagere deel van een voormalige kussenfabriek. Men wilde een multifunctionele ruimte die kon worden aangepast aan de wensen van de bewoners. Men besloot dat de meubels en plaatsing daarvan zouden bepalen of de ruimte een woonhuis of een kantoor is.

The challenge was to keep the oak pillars and the existing structure, and at the same time allow light to flow through to the areas furthest from the windows.

Eine der größten Herausforderungen war es hier, die Eichenpfosten und den Grundriss zu erhalten und trotzdem einen tageslichtdurchfluteten Raum zu erhalten.

L'objectif était de conserver intactes les poutres en chêne et la structure existante, tout en permettant à la lumière naturelle de parvenir jusqu'aux pièces les plus éloignées des fenêtres.

De uitdaging was de eiken pilaren en de bestaande structuur te behouden en toch licht toe te laten in ruimten uit de buurt van de ramen.

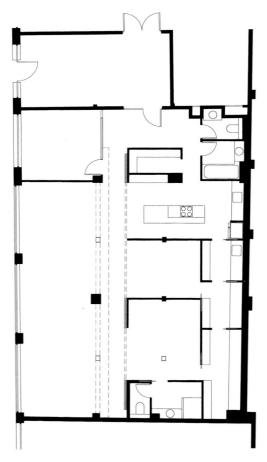

Floor plan

In this loft in Marais, Paris, the height of the building has been used to accommodate all the functional areas. The wooden beams give the apartment a true architectural structure. These, together with the ivory tones on the walls, give the areas a feeling of strength and warmth.

Dank seiner enormen Höhe konnten in diesem in Marais (Paris) gelegenen Loft alle funktionellen Bereiche mühelos untergebracht werden. Hölzerne Balken heben die architektonische Struktur des Apartments hervor. Zusammen mit den elfenbeinfarbenen Wänden wirkt die Wohnung somit streng und zugleich einladend und warm.

APARTMENT IN MARAIS
Guita Maleki & Pascal Cheikh Djavadi

Paris

Du fait de sa hauteur impressionnante, ce loft a pu intégrer plusieurs espaces fonctionnels. Les poutres en bois dotent l'appartement d'une vraie structure architecturale. Leur couleur se marie aux tons ivoire des murs, conférant ainsi aux pièces une impression de force et de chaleur.

In deze loft in de Marais, Parijs, is de hoogte van het gebouw gebruikt om alle functionele ruimten te herbergen. De houten balken geven het appartement een echt architectonische structuur. De balken en de ivoorkleurige muren verlenen de ruimte kracht en warmte.

The bedroom is on the upper floor and the area is not defined by anything other than the stairs and the handrail, with supports for books or ornaments.

Das Bett befindet sich im oberen Stockwerk, in einem Bereich, der lediglich durch die Treppe und ihr Geländer definiert wird. Letzteres bietet Platz für Bücher.

La chambre est située à l'étage supérieur dont les éléments principaux restent l'escalier, la rampe et quelques points d'appui pour des livres ou des objets décoratifs.

De slaapkamer is op de bovenste verdieping en wordt slechts gedefinieerd door de trap en de leuning, met vakken waarin boeken of ornamenten kunnen staan.

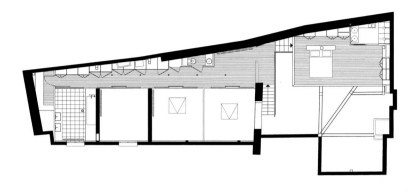

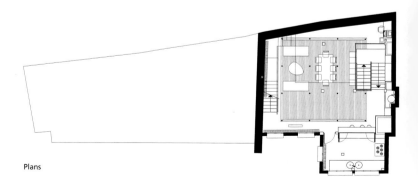

Plans

The architectural challenge in renovating this apartment was in making the most of the only source of natural light – a window in the façade – to provide illumination for more than 1,076 sq. feet. Adjustable artificial lighting was installed to provide direct and indirect light in the most frequently-used areas.

Die architektonische Herausforderung bei der Renovierung des Apartments lag darin, die einzige Tageslichtquelle – ein Fassadenfenster – zu nutzen, um die mehr als 100 m² große Fläche mit natürlichem Licht zu versorgen. Verstellbare Leuchten bringen direktes und indirektes Licht in die am häufigsten genutzten Wohnbereiche.

LOFT IN RUE DES PYRÉNÉES
Stéphane Zamfirescu

Paris

Toute la difficulté de cette rénovation consistait à ne bénéficier que d'une seule source de lumière naturelle – une fenêtre dans la façade – pour éclairer plus de 100 m². Un éclairage artificiel réglable a fourni la solution, et permis d'éclairer les pièces principales.

De architectonische uitdaging bij de renovatie van dit appartement was het optimaal benutten van de enige bron van daglicht – een raam in de gevel – voor meer dan 100 m². Er is speciaal aan te passen kunstlicht geïnstalleerd om direct en indirect licht te creëren in de meest gebruikte ruimten.

The materials used were chosen to contribute to the fluidity of the space and to make the most of natural and artificial light.

Mit den verwendeten Materialien sollen Einheitlichkeit und eine optimale Versorgung der Wohnung mit natürlichem und künstlichem Licht gewähreistet werden.

Les matériaux choisis contribuent à créer un espace fluide, et optimisent les éclairages naturel et artificiel.

De gebruikte materialen zijn uitgekozen om de ruimten in elkaar te laten overlopen en optimaal te profiteren van dag- en kunstlicht.

First floor

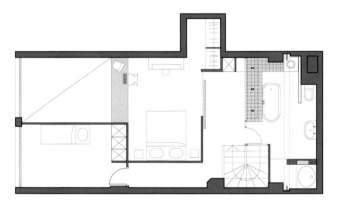

Ground floor

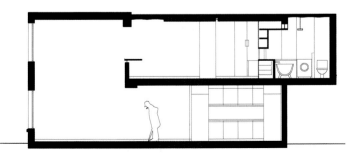

Plan

Renovating this apartment meant redistributing the space in order to create one large, light living room from which the exceptional views of Belleville could be enjoyed. Use was made of the double orientation of the apartment, to the east and to the west, to bring in natural light from both sides.

Bei der Renovierung dieses Apartments sollte der Raum so umgestaltet werden, dass daraus ein großes helles Wohnzimmer wird, von dem aus die Aussicht auf Belleville genossen werden kann. Dabei wurde die offene, sich nach Osten und Westen öffnende Struktur genutzt, um die Wohnung mit reichlich Tageslicht zu versorgen.

LOFT IN RUE DES ENVIERGES
Damien Brambilla

Paris

L'agencement de cet appartement a été complètement redéfini afin d'optimiser le vaste et lumineux séjour offrant une vue imprenable sur Belleville. La double exposition est-ouest de l'appartement a été exploitée au maximum pour introduire de la lumière naturelle.

De renovatie van dit appartement betekende de herindeling van de ruimte om een grote, lichte woonkamer te creëren met een prachtig uitzicht op Belleville. Er werd gebruikgemaakt van de ramen aan beide zijden van het appartement, op het oosten en het westen, waardoor er van twee kanten licht binnenvalt.

A focal point in the living room is a commissioned painting by Oleg Goudcoff, the colors of which were chosen specifically for this apartment.

Das Auftragswerk von Oleg Goudcoff bildet einen auffälligen Blickfang – die Farben des Bildes wurden so gewählt, dass sie zu denen der Wohnung passen.

Atout majeur du séjour est une peinture prêtée par Oleg Goudcoff, dont les couleurs ont été choisies afin de s'intégrer à cet appartement.

Een middelpunt in de woonkamer is een schilderij van Oleg Goudcoff; de kleuren van het werk zijn speciaal voor dit appartement gekozen.

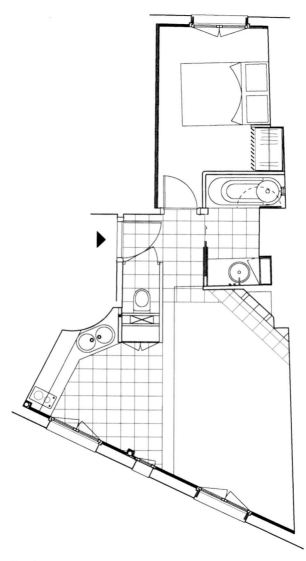

Floor plan

This apartment near Montmartre has unusual features for a property located only a few minutes from the city center. The metal beam which runs through the interior has been used to divide the space into two long areas and also holds a series of lights, the main source of artificial illumination.

Für eine Wohnung nahe des Stadtzentrums besitzt dieses in der Nähe des Montmartre gelegene Apartment ungewöhnliche Eigenschaften. Der durch die Wohnung verlaufende Eisenträger teilt den Raum in zwei langgezogene Bereiche und bildet durch eine Reihe eingelassener Lampen die wichtigste Lichtquelle.

ROMANTIC APARTMENT
Peter Tyberghien

Paris

Cet appartement de Montmartre possède des caractéristiques inhabituelles. La poutre métallique qui le traverse divise l'endroit en deux longs espaces et sert de support à une série de lampes, principale source d'éclairage.

Dit appartement in de buurt van Montmartre heeft ongebruikelijke kenmerken voor een pand op slechts een paar minuten van het centrum van de stad. De metalen balk die het appartement doorkruist, verdeelt de ruimte in tweeën. Erop gemonteerd zijn diverse lampen, de belangrijkste bron van kunstlicht.

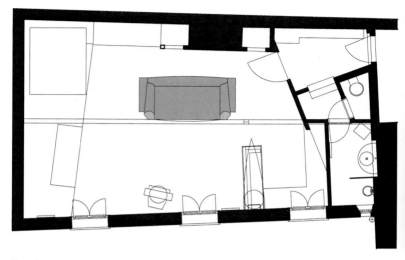

Floor plan

The gray armchair which dominates the living room was installed as an architectural element rather than as decoration in the room.

Eher wie ein architektonisches Element denn wie ein Möbelstück wirkt der graue Lehnstuhl, dessen Präsenz das gesamte Wohnzimmer dominiert.

Le fauteuil gris qui domine la salle de séjour fait ici office d'élément architectural bien plus que d'élément de décoration.

De grijze fauteuil die de woonkamer domineert, wordt beschouwd als architectonisch element en niet zo zeer als decoratie.

The area now occupied by this apartment was originally the first and second floors, and was completely open plan. The idea for the renovation was to create easy access to the upper level and re-establish privacy in the property, so an area was created half-way up which overhangs the living room and breaks the rise to the upstairs.

Ursprünglich besaß dieses über den ersten und den zweiten Stock verteilte Apartment einen komplett offenen Grundriss. Bei der Renovierung wurde der Zugang zur oberen Etage erleichtert und den Räumen Privatsphäre verliehen. Außerdem zog man eine teilweise das Wohnzimmer überragende Ebene zwischen den Etagen ein.

APARTMENT IN RUE DES RÉCOLLETS

Alain Baudouin & Jacob Celnikier

Paris

À l'origine, l'appartement se divisait en deux étages, totalement intercommunicants. La rénovation devait faciliter l'accès au niveau supérieur, et établir une certaine intimité de ces zones. Surplombant la salle de séjour, un demi-étage a été créé, provoquant une rupture bienvenue dans l'effet de verticalité.

Het appartement had eerst twee verdiepingen; de ruimte was volledig open. Na de renovatie moest de bovenste verdieping eenvoudig toegankelijk zijn en moest het appartement meer privacy bieden. Daarom werd er halverwege een ruimte gecreëerd die half boven de woonkamer zweeft en de hoogte doorbreekt.

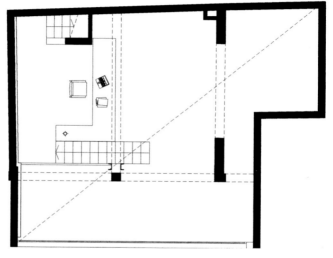

Ground floor

Baudoin provided his knowledge of materials and techniques and his real feeling for spaces; and Celnikier was in charge of the plans.

Baudoin a apporté au projet sa connaissance des matériaux et des techniques et son talent pour agencer l'espace, tandis que Jacob Celnikier était responsable des plans.

Baudoin brachte bei diesem Projekt seine Material- und Technikkenntnisse ein und Celnikier war zuständig für die Gestaltung des Grundrisses.

Baudouin bracht zijn kennis van materialen en technieken en zijn gevoel voor ruimte mee. Celnikier was verantwoordelijk voor de plannen.

The large central area, two storeys high and covered by a remote-controlled window, makes up the transparent, ventilated heart of this home, which used to be a furniture shop. The ceiling panels were replaced with glass, turning the space into a good-sized winter garden with plenty of natural light.

Der riesige zentrale Bereich dieses Lofts zieht sich über zwei Etagen. Seine Decke wurde durch ein Glasfenster ersetzt, das sich per Fernbedienung öffnen und schließen lässt. Somit entstand ein lichtdurchfluteter Wintergarten, der nun das Herz dieser Loftwohnung – ein ehemaliges Möbelgeschäft – bildet.

LOFT IN RUE DEPARCIEUX

Studio Maréchaux Architectes

Paris

Cet ancien magasin de meubles possède un vaste espace central, véritable cœur de la maison, qui s'élève sur deux étages. Les panneaux du plafond ont été remplacés par du verre, pour transformer l'endroit en un jardin d'hiver baigné d'une abondante lumière naturelle.

De grote centrale ruimte, twee verdiepingen hoog en overdekt met een raam met afstandsbediening, vormt het lichte en luchtige hart van dit huis, dat ooit een meubelzaak was. Het plafond werd vervangen door glas, waardoor de ruimte een behoorlijke wintertuin werd met meer dan voldoende daglicht.

Originally a mirror shop, this apartment was redesigned to create a home and a work space. Walls were eliminated and replaced with sheets of translucent material which increased the light in the property. In addition, a glass façade was chosen to increase the visible area leading to a courtyard with trees.

Diese ehemalige Glas- und Spiegelhandlung wurde in einen Wohn- und Arbeitsbereich umgewandelt. Um die Wohnung heller und freundlicher zu machen, wurden die Wände teilweise durch lichtdurchlässiges Material ersetzt. Zusätzlich erlaubt die Glasfassade einen uneingeschränkten Blick auf den baumbestandenen Innenhof.

LOFT IN AVENUE PHILIPPE AUGUSTE

Laetitia Viallon & Jean-François Piron

Paris

Ancien magasin de miroirs, cet appartement a été redessiné pour créer une habitation et un espace de travail. Des murs ont été remplacés par des panneaux translucides pour mieux diffuser la lumière naturelle dans le loft. Un panneau en verre a également été installé pour profiter au mieux de la vue sur la cour arborée.

Dit pand was oorspronkelijk een spiegelwinkel. Het werd verbouwd als woon- en werkruimte. Er zijn muren verwijderd en vervangen door doorzichtige platen, die veel licht toelaten. Verder werd er voor een glazen gevel gekozen om een uitzicht te creëren op de binnenplaats met bomen.

The importance of allowing light to flow through the different rooms was one of the basic requirements in renovating this space with its different floor levels.

Permettre à toutes les pièces de bénéficier de la lumière naturelle était l'une des exigences majeures du projet de rénovation de ce lieu.

Eines der vornehmlichen Ziele bei der Renovierung dieser mehrstöckigen Wohnung war es, die verschiedenen Räume bestmöglich mit Tageslicht zu versorgen.

Licht dat de ruimten binnenstroomt, was een van de hoofdeisen bij de verbouwing van deze ruimte met zijn verschillende niveaus.

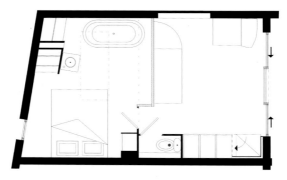

First floor

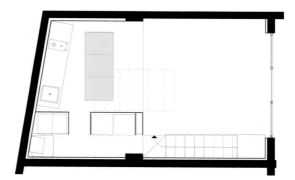

Ground floor

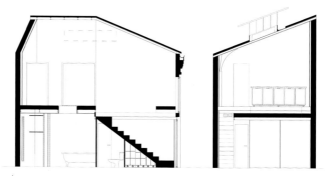

Sections

This house, at the back of an area packed with workshops, is the result of a major renovation. The objective was to maximize the natural light and create more space, both literally and visually, which meant eliminating some walls.

Dieses an der Rückseite einer von Werkstätten besiedelten Zone gelegene Haus ist das Ergebnis einer umfassenden Renovierung. Ziel war es hier, das Tageslicht optimal zu nutzen und sowohl visuell als auch real – durch die Wegnahme einiger Wände – mehr Platz zu schaffen.

LOFT IN RUE HUYGHENS

Studio Maréchaux Architectes

Paris

Cette maison, située à l'arrière d'un bloc d'ateliers, a fait l'objet d'une importante rénovation dont l'objectif était de privilégier l'apport de la lumière naturelle et de créer – littéralement et visuellement – plus d'espace. Résultat obtenu en supprimant plusieurs murs.

Dit huis, gelegen in een gebied met veel werkplaatsen, is het resultaat van een ingrijpende renovatie. Het doel was te profiteren van het daglicht en meer ruimte te creëren, zowel letterlijk als visueel, wat inhield dat er muren werden weggehaald.

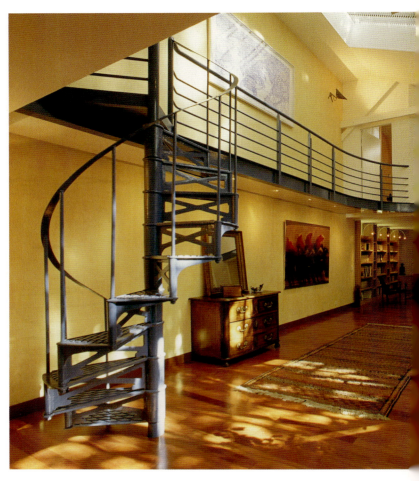

The large space is broken only by the spiral staircase, connecting the two floors, which was salvaged from an old spinning mill.

Der riesige Raum wird lediglich durch eine spiralförmige, die zwei Stockwerke miteinander verbindende Treppe aus einer alten Spinnerei durchbrochen.

Récupéré dans une vieille usine de tissage, l'escalier hélicoïdal qui relie les deux étages constitue une vraie rupture dans ce grand espace.

De grote ruimte wordt doorbroken door de wenteltrap, afkomstig uit een oude textielfabriek, die de twee verdiepingen met elkaar verbindt.

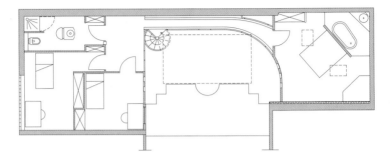

First floor

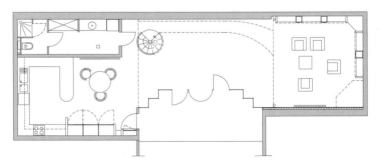

Ground floor

SYDNEY APARTMENTS

SYDNEY WOHNUNGEN
APPARTEMENTS DE SYDNEY
APPARTEMENTEN IN SYDNEY

An apartment from the 60s was the starting point for this project; the interior was completely renovated in order to create a more efficient distribution with a contemporary look. The majority of the internal walls were pulled down, which created the new layout and joined several areas of the property.

Um eine praktischere Aufteilung und einen zeitgenössischen Look zu schaffen, wurde das Innere dieses in den 60er Jahren erbauten Apartments komplett umstrukturiert. Durch das Entfernen eines großen Teils der Innenwände wurden einzelne Zimmer miteinander verbunden – somit entstand ein vollständig neuer Grundriss.

RYAN APARTMENT

PTW Interiors

Sydney

L'appartement datait des années 1960. La distribution a été intégralement remodelée afin de rendre l'endroit plus contemporain et plus fonctionnel. Beaucoup de murs ont été supprimés, ce qui a permis de créer de vastes espaces communicants.

Een appartement uit de jaren zestig vormde het uitgangspunt bij dit project; de binnenkant werd geheel verbouwd om een betere indeling en een eigentijdse sfeer te krijgen. De meeste binnenmuren zijn verwijderd, waardoor een nieuwe indeling mogelijk was en verschillende ruimten werden samengevoegd.

The living room is defined by a series of sliding glass doors which, together with the glass balustrade, afford views of the beach.

Eine Reihe von Glastüren definiert den Wohnzimmerbereich und eröffnet, zusammen mit der Glasbalustrade, die Aussicht auf den Strand.

Grâce à une série de portes vitrées coulissantes et à une balustrade en verre, la salle de séjour offre des vues splendides sur la plage.

De woonkamer wordt overheerst door een aantal glazen schuifdeuren die, samen met de glazen balustrade, uitzicht bieden op het strand.

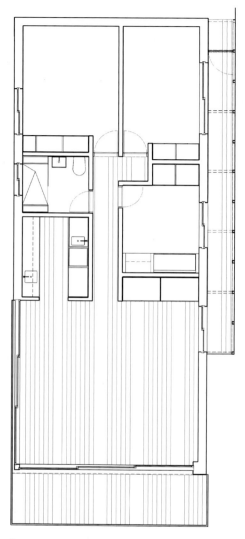

Plan

The layout of this apartment is based on a pivoting dining room table which can turn 180° and so be in either the kitchen, the study or the living room. The table turns on a stainless steel structure which supports a sheet of glass measuring 3 meters and weighing 100 kg.

Die Basis für den Grundriss dieses Apartments bildet ein Esstisch, der um 180° gedreht werden und somit entweder in der Küche, dem Arbeitszimmer oder dem Wohnzimmer genutzt werden kann. Der Tisch besteht aus einem Edelstahlgerüst und einer 3 Meter langen und 100 Kilo schweren Glasplatte.

APARTMENT IN SYDNEY
William Smart Architects

Sydney

L'agencement de cet appartement s'est conçu « autour » d'une grande table qui peut pivoter à 180 degrés et se trouver ainsi indifféremment dans la cuisine, le bureau ou la salle de séjour. La table tourne sur une structure en acier inoxydable qui soutient un plateau de verre mesurant 3 mètres et pesant pas moins de 100 kilos.

De indeling van dit appartement is gebaseerd op een beweegbare eettafel die 180 graden kan draaien en naar de keuken, werkkamer of woonkamer gericht kan zijn. De tafel draait op een poot van rvs, die een glasplaat draagt van 3 meter lang en 100 kg zwaar.

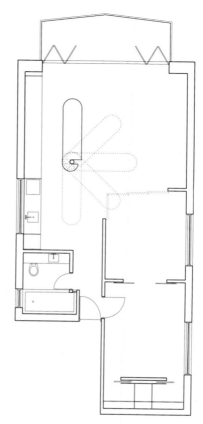

Plan

The plan shows the different positions in which the table can be placed.

Auf dem Plan sind die verschiedenen Positionen zu erkennen, in die der Tisch gedreht werden kann.

Le plan montre ici les différentes positions que la table peut adopter.

De plattegrond toont de verschillende posities van de tafel.

This project consisted of transforming a small studio, inside a building dating from the 1920s in Sydney, into a comfortable one-bedroom apartment. One of the walls is a mural, signed by Tim Richardson, which allows the bedroom and the living area to be joined or separated.

Ein kleines Atelier in einem in Sydney gelegenen Gebäude aus den 1920er Jahren sollte hier in ein elegantes Single-Apartment verwandelt werden. Eine der Wände ist das Werk von Tim Richardson. Diese Wand dient dazu, Schlafzimmer und Wohnbereich zu verbinden oder voneinander zu trennen.

ELEGANT APARTMENT
Smart Design Studio

Sydney

Ce petit studio de Sydney, situé à l'intérieur d'un bâtiment des années 1920, s'est transformé en un confortable deux-pièces. L'un des murs s'orne d'une peinture murale signée par Tim Richardson, et permet de relier – ou de séparer – la chambre à coucher et la pièce à vivre.

Dit project bestond uit de verbouwing van een kleine studio, in een gebouw uit de jaren twintig, tot een comfortabel appartement met één slaapkamer. Een van de muren draagt een muurschildering van Tim Richardson; hierdoor zijn de slaapkamer en het woongedeelte één geheel of juist gescheiden.

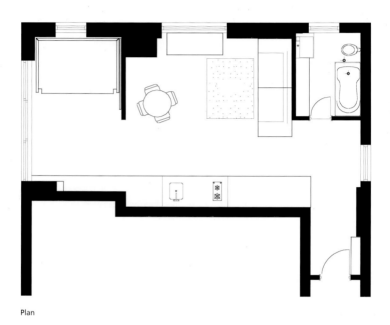

Plan

The architects have kept the original tiles in the bathroom for greater visual impact.

Um die visuelle Wirkung zu verstärken, wurden die Originalfliesen im Badezimmer erhalten.

Afin de créer un plus grand impact visuel, les architectes ont conservé le carrelage d'origine dans la salle de bains.

De architecten hebben de originele badkamertegels behouden voor een groter visueel effect.

This apartment was designed for a couple who wanted to accommodate guests and host large social gatherings. The project eliminated most of the interior divisions to create an open space which has been adapted to meet new requirements, with the area for socializing more closely connected to the kitchen.

Ein Paar, das sich ausreichend Platz und für große Feste und Abendessen wünschte, gab dieses Projekt in Auftrag. Dafür wurde für die Schaffung eines offenen Raumes ein Großteil der Wände entfernt. Um den neuen Bedürfnissen gerecht zu werden, verlegte man den Ess- und Aufenthaltsbereich in die Nähe der Küche.

GOLDBERG APARTMENT
Goran Stojanovic/X. Pace Design Group

Sydney

Cet appartement a été conçu pour un couple dont le souhait était de pouvoir héberger de nombreux invités et d'organiser de grandes réunions. Afin d'adapter le lieu à leur désir, le salon de réception a été relié plus directement à la cuisine et, pour créer un vaste espace, la plupart des cloisons intérieures ont été supprimées.

Dit appartement is ontworpen voor een stel dat logees wil kunnen ontvangen en grote groepen vrienden wil entertainen. Voor de verbouwing zijn de meeste binnenmuren verwijderd om een open ruimte te creëren die is aangepast aan de nieuwe eisen. De ruimte waar de gasten worden ontvangen, ligt bij de keuken.

A large wooden wall separates the area for socializing from the private spaces.

Eine riesige Holzwand trennt den Wohnbereich von den privaten Räumen.

Un grand mur en bois sépare le salon de réception des pièces privatives.

Een grote houten wand scheidt de ruimte waarin gasten worden ontvangen van de privéruimten.

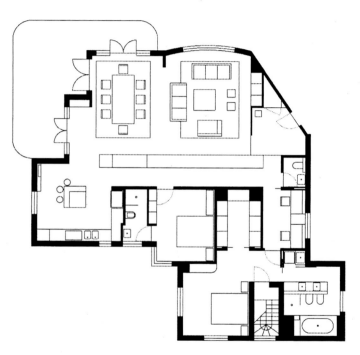

Plan

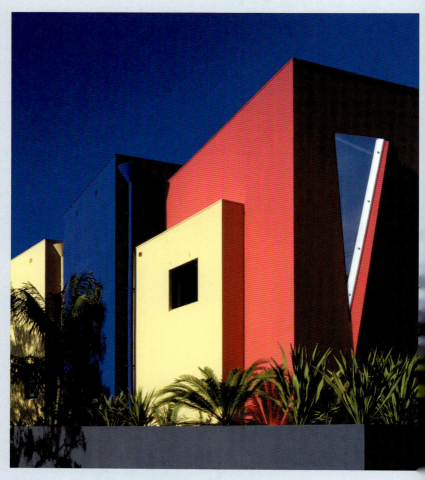

The owners of this house are a couple who collect contemporary Australian art and their main requirement was somewhere to exhibit their extensive collection. The plan for the house and gallery was a two-storey building built around a central courtyard.

Die Intention der Hauseigentümer – ein auf zeitgenössische australische Kunst spezialisiertes Sammlerpaar – war es, einen Ort für die Ausstellung ihrer umfangreichen Kunstsammlung zu erhalten. Ein zweistöckiges, um einen Innenhof herum angelegtes Gebäude bildete die Basis für Wohnung und Galerie.

KLOMPE HOUSE

Chris Elliott Architects & Sian Jones

Sydney

es propriétaires de cette maison – un ouple de collectionneurs d'art australien ontemporain – avaient pour principale xigence de pouvoir exposer et mettre en aleur leur importante collection. La naison et la galerie sont réparties sur deux tages construits autour d'une cour entrale.

De eigenaren van dit huis zijn een stel dat moderne Australische kunst verzamelt. Hun belangrijkste eis was een plek om hun grote collectie tentoon te stellen. Het ontwerp voor het huis en de galerie behelsde een gebouw van twee verdiepingen dat rond een centrale binnenplaats was gebouwd.

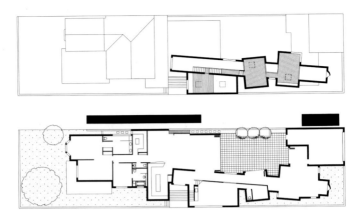

Plans

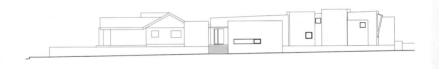

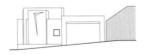 

Elevations

The eye-catching colors of the house and its unusual shape make it stand out against its setting.

Auffällige Farben und ungewöhnliche Formen heben das Haus von seiner Umgebung ab.

Par ses couleurs chatoyantes et sa forme inhabituelle, cette maison contraste fort avec son environnement.

Door de opvallende kleuren van het huis en zijn ongebruikelijke vorm valt het huis in zijn omgeving erg op.

This project is the sum of several interventions on this property from the 1930s. At the beginning of this century it was remodeled and converted into a two-storey house. Some spaces have been extended, the finishes have been changed, the entrance has been redesigned and the area around the building has been landscaped.

Dieses Projekt ist das Ergebnis verschiedener Veränderungen, die an diesem Gebäude aus den 1930ern vorgenommen wurde. Anfang dieses Jahrhunderts wandelte man es in ein zweistöckiges Haus um. Dabei wurden einige Bereiche erweitert, die Fassade und der Eingangsbereich verändert und der Garten neu gestaltet.

BALMORAL HOUSE
Buzacott Associates Architects

Sydney

Ce projet conclut la série d'interventions qu'a subi cette propriété depuis les années 1930. Remodelée il y a quelques années, elle a été convertie en une maison de deux étages. Certains espaces ont été agrandis, les finitions modifiées, l'entrée redessinée, et le paysage alentour réaménagé.

Dit pand uit de jaren dertig was al diverse malen verbouwd. Aan het begin van deze eeuw is het heringedeeld en verbouwd tot een huis van twee verdiepingen. Met deze renovatie zijn ruimten vergroot, is de afwerking veranderd, is de entree opnieuw ontworpen en de tuin rondom het huis opnieuw aangelegd.

Upper level

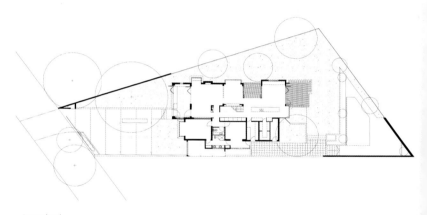

Lower level

The front porch has been rebuilt to incorporate a sunny area which opens onto the garden through folding doors.

Die vordere Veranda verwandelte sich in einen sonnenlichtdurchfluteten Bereich, der sich über Falttüren zum Garten hin öffnen lässt.

Le porche de la façade a été reconstruit, et intègre maintenant un solarium qui, par des portes en accordéon, s'ouvre sur le jardin.

De serre aan de voorkant is gewijzigd, zodat er een zonnige plek ontstond die via vouwdeuren uitkomt op de tuin.

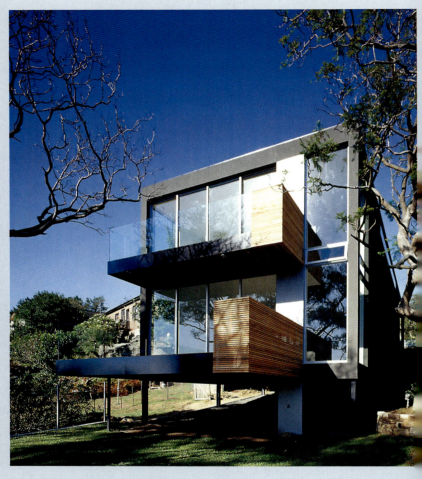

This property is located in a quiet neighborhood on the outskirts of the city and affords views of the bay through the trees and the neighboring properties. The challenge was to create a contemporary, cost-effective building that made the most of the natural surroundings but which was also sheltered from its neighbors.

Dieses Haus liegt in einem ruhigen Wohnviertel im Außenbezirk der Stadt. Durch die Bäume fällt der Blick auf die nahe Bucht. Die größte Herausforderung war es hier, kostengünstig einen Wohnraum zu errichten, von dem aus man die Aussicht auf die Umgebung genießen und gleichzeitig die Privatsphäre wahren kann.

RESIDENCE IN GREENWICH
Studiointernationale

Sydney

Cette propriété, située dans une localité tranquille en périphérie de la ville, offre une vue magnifique sur la baie, par-delà les arbres et les habitations voisines. Le défi ici était de créer, à prix raisonnable, un bâtiment contemporain exploitant au mieux le cadre naturel environnant, tout en préservant une certaine intimité vis-à-vis des voisins.

Dit pand in een rustig deel van een van de buitenwijken van de stad biedt tussen de bomen door uitzicht over de baai en de naburige huizen. De opdracht was een eigentijds, betaalbaar pand neer te zetten dat optimaal zou profiteren van de natuurlijke omgeving en tevens afgeschermd was van de buren.

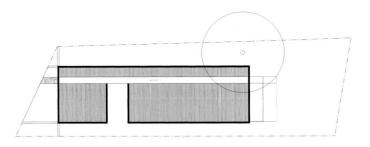

Roof

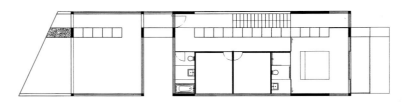

First floor

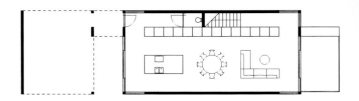

Ground floor

The location of the house at the edge of the ocean determined the design which sought to make the most of the spectacular views. The project is based on a sinuous geometry to create a sequence of dynamic spaces with decks and terraces, resulting in very light interiors.

Die Gestaltung dieses Hauses wurde vor allem von der Lage des Grundstückes bestimmt. Hierbei sollte die spektakuläre Aussicht bestmöglich in Szene gesetzt werden. Eine kurvenreiche Geometrie bildet die Grundlage für diese Ansammlung dynamisch wirkender Räume, die dank zahlreicher Balkone lichtdurchflutet sind.

MARANO RESIDENCE
Renato D'Ettorre

Sydney

Influencé par l'emplacement de la maison – au bord de l'océan – le projet de rénovation a cherché à mettre en valeur sa vue spectaculaire, et a également opté pour la création d'espaces dynamiques, selon une géométrie « sinueuse ». Ces espaces, ornés de balcons et de terrasses, forment ainsi un intérieur vaste et lumineux.

De locatie van dit huis bij de oceaan bepaalde het ontwerp, waarbij optimaal geprofiteerd moest worden van het spectaculaire uitzicht. Het project is gebaseerd op een golvende geometrie die resulteert in een serie dynamische ruimten met vlonders en terrassen. Hierdoor is het interieur erg licht.

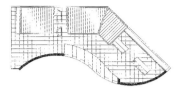

Roof

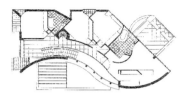

Second floor

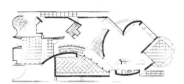

First floor

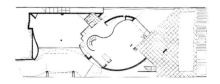

Ground floor

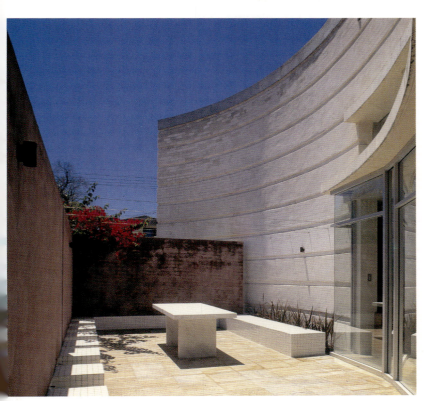

The setting of the house, on a beach north of the city, provided the architects with inspiration for its renovation and extension. The new design has a triple level roof which produces a complex and expressive silhouette that makes reference to the world of surfing.

Das Umfeld dieses an einem Strand nördlich der Stadt gelegenen Hauses diente als Inspirationsgrundlage für dessen Renovierung und Erweiterung. Dank eines dreifach abgestuften Daches entsteht eine komplexe, ausdrucksstarke Silhouette, die eindeutig auf den Surfsport anspielt.

HOUSE IN FRENCHS FOREST
Su Keong Design

Sydney

L'emplacement de la maison – sur une plage au nord de la ville – a grandement inspiré les architectes pour sa rénovation et son extension. La nouvelle conception inclut un toit à triple niveau qui confère au bâtiment une « silhouette » expressive, visible référence au monde du surf.

De locatie van het huis, op een strand ten noorden van de stad, bood de architecten inspiratie voor de renovatie en uitbreiding. Het nieuwe ontwerp heeft een dak op drie niveaus. Het dak verleent het huis een ingewikkeld en opvallend silhouet en is een verwijzing naar de surferswereld.

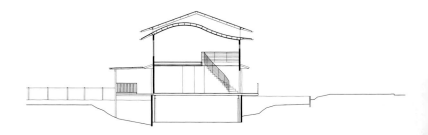

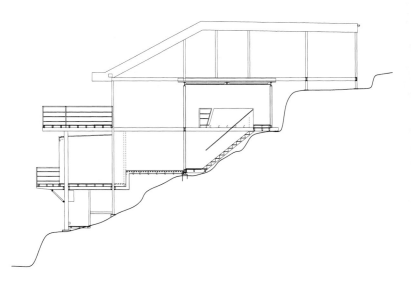

Elevations

The dynamic, expressive design for the central space is enhanced by the staircase connecting the floors of the building.

Eine dynamische, expressive Atmosphäre im zentralen Bereich des Hauses wird mithilfe der außergewöhnlichen Verbindungstreppe hergestellt

La conception – dynamique et expressive – utilisée pour l'espace central est encore amplifiée par l'escalier reliant les différents étages du bâtiment.

Het expressieve ontwerp voor de centrale ruimte wordt benadrukt door de trap die de verdiepingen van het gebouw met elkaar verbindt.

This project made the most of the views of the sea and the beach to the south while developing a complex plan for a family home. The sloping ground allowed for a staggered design and most of the living areas were placed in the upper part of the building to appreciate the outlook.

Bei der Konzeption des komplexen Grundrisses für dieses Einfamilienhaus war es eines der Ziele, an der Südseite die Aussicht auf Meer und Strand bestmöglich zu nutzen. Aufgrund des abfallenden Grundstücks entschied man sich für ein stufenförmiges Design; dabei bietet das obere Stockwerk den schönsten Ausblick.

TAMARAMA HOUSE

Gary Hennessy Architects

Sydney

Ce projet a voulu tirer profit des vues qu'offrait l'endroit sur la plage, tout en développant un plan adapté à une maison familiale. La conception nivelée a tenu compte de l'inclinaison du terrain : la plupart des pièces à vivre ont été installées dans la partie supérieure pour mieux profiter de la vue sur mer.

Dit project profiteerde van het uitzicht op de zee en het strand aan de zuidkant. Er werd een ingewikkeld ontwerp bedacht voor een familiehuis. De hellende grond maakte een getrapt ontwerp mogelijk. De meeste leefruimten bevinden zich in het bovenste deel, zodat de bewoners van het uitzicht kunnen genieten.

The rooms open directly onto the wooden decks and the interior courtyard, which gives a feeling of privacy and relaxation.

Die Räume öffnen sich direkt zu den hölzernen Balkonen und dem Innenhof hin – dies sorgt für eine private und entspannte Atmosphäre.

Les pièces accèdent directement aux terrasses en bois et à la cour intérieure, créant une impression d'intimité et de bien-être.

De kamers sluiten direct aan op de houten vlonders en de binnenplaats, waardoor de sfeer intiem en ontspannen is.

This complex of houses is located on a corner lot in the suburbs of Sydney. The challenge of the design was that each house should be a unit. The area of all the properties, in the shape of a cube, is accentuated by the symmetry of the façade.

Ein Eckgrundstück bietet die Basis für dieses Haus am Stadtrand Sydneys. Jedes Haus bildet hier eine in sich abgeschlossene Einheit. Die Würfelform jedes dieser Häuser wird durch eine symmetrische Fassade betont.

ABBOTSFORD TOWNHOUSES
Corinne Girard Young

Sydney

Ce complexe de maisons se situe dans la proche banlieue de Sydney. La clé de voûte du projet consistait à faire en sorte que chaque maison puisse avoir sa propre personnalité. La forme cubique de cette zone résidentielle est encore accentuée par la symétrie des façades.

Dit huizencomplex staat op een hoekkavel in een buitenwijk van Sydney. De uitdaging bij dit ontwerp was dat elk huis een zelfstandige eenheid moest zijn. De kubusvorm van de huizen wordt benadrukt door de symmetrie van de voorgevel.

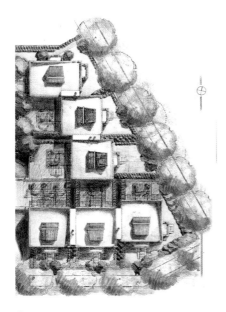

Plan

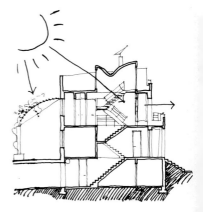

Section

Elevation

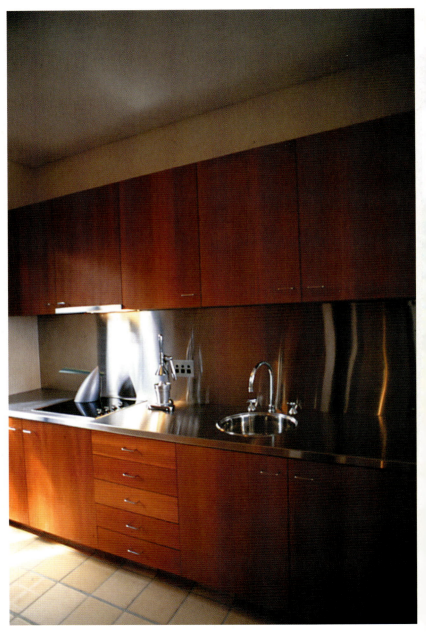

The beauty of the lot, which is on top of a hill next to a forest reserve with views of the city in the distance, is brought into the house through large windows which frame these images. The route through the house is like a journey where, little by little, the surrounding countryside can be discovered.

Riesige Fenster stellen eine Verbindung zu dem malerischen, auf einem Berg gelegenen Grundstück in Waldnähe her, von dem aus man den Ausblick auf die Stadt genießen kann. Bei einem Streifzug durch das Haus entdeckt man nach und nach die verschiedenen eindrucksvollen Aussichten auf die umliegende Landschaft.

WAVERTON HOUSE
Reg Lark

Sydney

La beauté de ce lieu tient à son emplacement ; situé au sommet d'une colline, à deux pas d'une réserve forestière. Il bénéficie d'une vue imprenable sur la ville. Ce splendide panorama « entre » dans la maison par de larges fenêtres. Ainsi, la visite de la maison devient un voyage au cours duquel se révèlent peu à peu les vues magnifiques sur la campagne environnante.

De schoonheid van deze plek, boven op een heuvel naast een beschermd bosgebied met uitzicht op de stad in de verte, wordt naar binnen gebracht door de grote ramen die het uitzicht omlijsten. De looproute door het huis is een soort reis waarop men gaandeweg de omgeving ontdekt.

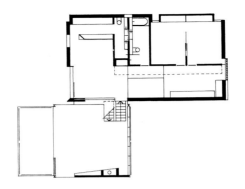

First floor

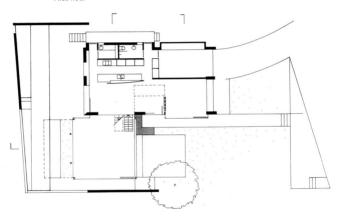

Ground floor

The plans show the two storeys, and details of the various sections and the differences in floor levels.

Auf den Plänen sind die zwei Stockwerke, detaillierte Ansichten der unterschiedlichen Wohnbereiche sowie die verschiedenen Ebenen zu sehen.

Les plans montrent les deux étages et les détails des différents espaces.

De plattegrond toont de twee verdiepingen en details van de diverse gedeelten, evenals de niveauverschillen.

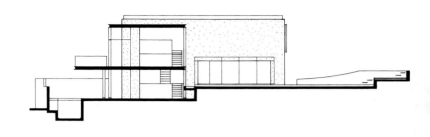
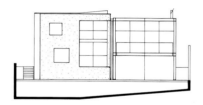
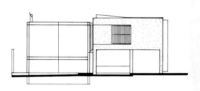
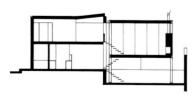
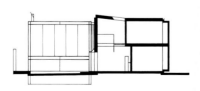

Sections

PHOTOGRAPHY DIRECTORY

Paris Apartments

p. 014-023	Mark Seelen
p. 024-033	Thomas Romancant
p. 034-041	Alejandro Bahamón
p. 042-049	Alejandro Bahamón
p. 050-057	Christian Zachariasen
p. 058-067	Solvi do Santos/Omnia
p. 068-077	Olivier Halot & Jacques Giaume
p. 078-087	Antonio Duarte
p. 088-097	Alejandro Bahamón
p. 098-107	Philippe Cureuil
p. 108-117	Pascal Maréchaux
p. 118-127	Jean Villain
p. 128-135	Pascal Maréchaux

Sydney Apartments

p. 138-147   Sharrin Rees

p. 148-155   Gene Raymond Ross

p. 156-163   Sharrin Rees

p. 164-171   Marian Riabic

p. 172-181   Walter Glover & Chris Elliot

p. 182-193   John Fotiadis

p. 194-205   Martin van der Wal

p. 206-217   Willem Rethmeier

p. 218-227   Simon Kenny

p. 228-235   Jean-Pierre Bratanoff-Firgoff

p. 236-243   Sharrin Rees

p. 244-253   Sharrin Rees